까막눈이 산석의 글공부

스승님, 제게는 세 가지 병통*이 있습니다.
첫째는 머리가 둔하고,
둘째는 앞뒤가 꽉 막혔으며,
셋째는 미련합니다.
이런 제가 공부를 할 수 있습니까?

공부는 너 같은 아이라야 할 수 있다!

배우는 사람에게는 세 가지 병통이 있다.
첫째 기억력이 좋으면 공부를 소홀히 하는 문제를 낳고,
둘째 글짓기에 날래면 가벼이 들뜨기 쉬운 문제를 낳고,
셋째 깨달음이 재빠르면 거친 것이 문제다.

병통(病-) 깊이 뿌리박힌 잘못이나 결점.

머리는 둔하지만 공부를 파고드는 사람은 식견이 넓어지고
앞뒤는 막혔지만 뚫는 사람은 흐름이 거세지며,
미련한 사람은 꾸준히 연마하면 빛이 난다.

그러면 파고드는 방법은 무엇이냐! 부지런해야 한다.
또 뚫는 방법은 무엇이냐! 부지런해야 한다.
연마하는 방법은 무엇이냐! 부지런해야 한다.

그렇다면 부지런한 마음은 어떻게 이어가느냐?
마음을 확고히 하는 데 있다.

– 황상의 〈임술기〉 중에서

식견(識見) 사물을 분별할 수 있는 능력.
연마(研磨) 학문이나 기술 따위를 힘써 배우고 닦음.

위대한 책벌레 3

까막눈이 산석의 글공부_정약용이 가장 아꼈던 제자 황상 이야기

초판 1쇄 발행 2014년 4월 28일
초판 7쇄 발행 2021년 12월 28일

글 김주현
그림 원유미

펴낸곳 도서출판 개암나무(주)
펴낸이 김보경
경영관리 총괄 김수현   **경영관리** 배정은
편집 조원선 서진   **디자인** 김효정   **마케팅** 신종연
출판등록 2006년 6월 16일 제22-2944호
주소 서울특별시 용산구 한남대로40길 19, 4층(한남동, JD빌딩) (우)04417
전화 (02)6254-0601, 6207-0603   **팩스** (02)6254-0602   **E-mail** gaeam@gaeamnamu.co.kr
개암나무 블로그 http://blog.naver.com/gaeamnamu   **개암나무 카페** http://cafe.naver.com/gaeam

ⓒ 김주현, 원유미, 2014
이 책의 저작권은 저자에게 있습니다. 저자와 출판사의 허락 없이 내용의 일부를 인용하거나 발췌하는 것을 금합니다.

ISBN 978-89-6830-038-7 74810
ISBN 978-89-6830-029-5(세트)

이 도서의 국립중앙도서관 출판시도서목록(CIP)은 서지정보유통지원시스템 홈페이지(http://seoji.nl.go.kr)와
국가자료공동목록시스템(http://www.nl.go.kr/kolisnet)에서 이용하실 수 있습니다.
(CIP제어번호: CIP2014010021)

품명 아동 도서 | **제조년월** 2021년 12월 28일 | **사용연령** 9세 이상
제조자명 개암나무(주) | **제조국명** 대한민국 | **전화번호** 02-6254-0601
주소 서울시 용산구 한남대로40길 19, 4층(한남동, JD빌딩)

까막눈이 산석의 글공부

김주현 글 원유미 그림

개암나무

작가의 말

행복한 공부를 하다

머리가 둔하고 답답하여 공부에는 영 재주가 없어 보이는 산석이라는 아이가 있었습니다. 그러나 산석은 책 읽기가 마냥 신 나고, 글쓰기가 그저 즐거웠습니다.

공부를 잘 하고 싶은데 뜻대로 되지 않아 답답하던 차에 마을에 온 큰 스승을 찾아갑니다.

"저 같은 아이도 공부할 수 있나요?"

산석이 묻습니다.

"제게는 문제가 있습니다. 둔하고 답답하고 미련하여 공부가 더디다는 것입니다."

스승이 말합니다.

"한 번만 읽고도 바로 외울 수 있는 아이는 자기 머리를 믿고 대충 넘어가기 마련이다. 머뭇거림 없이 글을 짓는 아이는 자기 재주가 좋은 것에 마음이 들떠 남들보다 튀려 하고, 진득하지 못한 법이지. 하나를 배우면 바로 깨닫는 아이는 대번에 바로 깨달은 듯하여 공부를 소홀히 할 터이니, 그 깨달음이 오래가지 못한다.

그런데, 너는 이 세 가지 큰 문제가 없다는 말이구나. 민첩하지도, 날래지도, 재빠르지도 않으니 너 같은 아이가 공부를 해야 진득하게 하지 않겠느냐?"

바위틈에서도 싹이 돋듯 단단한 머리에서 싹이 움트고, 좁쌀만 한 구멍이 점점 넓어져 흐름이 광대해지는 것. 그렇게 되려면 마

광대(廣大) 크고 넓음.

음을 붙들고 붙들어 공부해야 한다는 스승의 말씀에 산석은 자신의 머리를 탓하는 대신 끊임없이 노력하였습니다.

이는 조선의 대학자 정약용이 유배지 강진에서 만난 제자, 황상의 이야기입니다. 이름 없는 시골 아전의 아들이었던 황상은 정약용의 삶과 글을 연구하는 정민 교수에 의해 널리 알려지게 된 인물입니다. 정약용에게는 뛰어난 학식을 뽐내는 제자들도 꽤 있었지만, 평생 동안 애틋한 사제 관계를 이어간 사람은 오직 황상뿐이었습니다.

정약용은 어떤 어려움 속에서도 공부를 게을리하지 않았던 황상을 두고 자신이 가장 아끼는 제자라고 말했습니다. 스스로 머리가 둔하다 여기고, 큰 벼슬에도 오를 수 없는 신분이었으며, 살림살이 또한 넉넉지 않았지만 공부의 참된 가치를 아는 굳은 심지를 보았기 때문입니다.

황상은 부지런히 파고들고 파고든 덕에 훗날 여러 학자들이 감탄할 만한 높은 학식을 쌓기에 이릅니다. 그는 스승 정약용이 세상을 떠난 후, 백발성성한 노인이 되어서도 책상에 앉아 공부하기를 멈추지 않았습니다. 황상에게 공부는 벼슬에 오르기 위한 방법이 아니라, 인생을 행복하고 지혜롭게 사는 길이었기 때문이지요.

부와 명예를 얻기보다 행복한 사람이고자 했던 황상. 그가 위대한 스승 정약용을 만나 마음을 붙잡으며 파고들고 또 파고들었던 이야기를 그려 보았습니다.

김주현

백발성성(白髮星星) 머리털이 희끗희끗함.

차례

 우직한 바위, 산석 13

 한양서 유배 온 선비 17

 주막집 봉놋방 24

 저도 공부할 수 있나요? 30

 아비의 술 40

 마음을 헤아리다 50

 학질에 걸려서도 책을 놓지 않다 55

 그리운 아버지 58

 치자나무 아래에서 63

우직한 바위, 산석

"……."

"이 글자가 무슨 글자인지 정녕 모르겠느냐? 어허, 까마귀 고기를 삶아 먹은 게냐? 어제 배운 걸 어찌 그리 홀라당 까먹을 수 있느냐?"

훈장님은 회초리로 쓰는 반질반질한 물푸레 나뭇가지로 산석의 머리를 톡톡 건드리며 말했어요.

"네 이름이 산석이라 했느냐? 이름에 돌 석(石)자가 들어가서 그러한가? 어찌 그리 머리가 단단한 것이냐? 하나를 가르치면 열을 깨치기는커녕 바위에 부딪히듯 튕겨져 나오니, 글자가 네 단단한

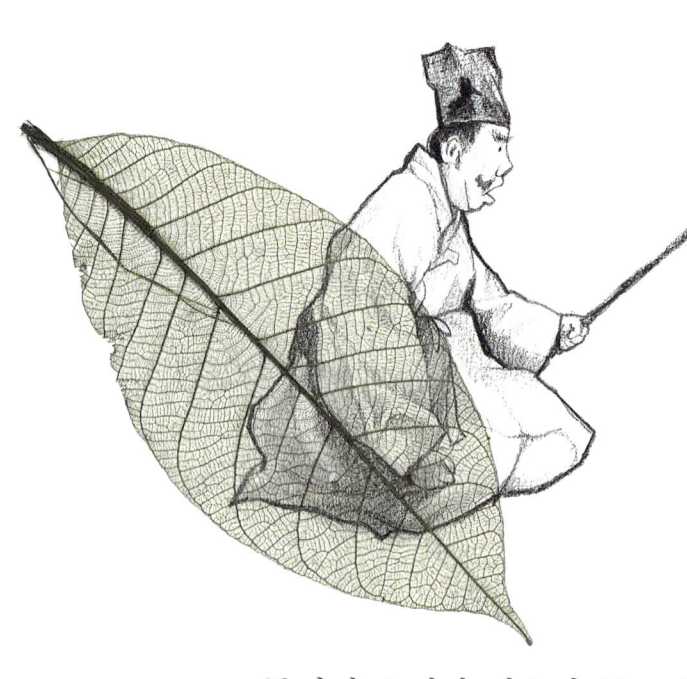

머리를 도무지 뚫고 들어가지 못해서 그런 게냐? 그냥 돌도 아닌 산만 한 돌, 산석이니, 머리가 단단해도 너무 야무지게 단단한 것 아니냐?"

돌머리 소리가 나오자 듣고 있던 친구들이 터져 나오는 웃음을 참느라 어깨를 들썩거렸고, 산석은 고개를 푹 숙였어요. 산석은 부끄러움에 얼굴이 벌건 솥단지처럼 달아올랐습니다.

고개 너머 마을에 글깨나 공부했다는 선비에게 몇몇 아이들이 모여 글공부를 하러 다닌다기에 산석도 또래들과 같이 글공부할 수 있게 해 주십사 부탁하여 공부를 시작했습니다. 그러나 글공부를 시작한 지 닷새가 지났는데도 글 깨우치는 것이 하염없이 느려서 된서리 맞듯 타박만 들었어요.

"글자도 삐뚤빼뚤, 괴발개발˚이로구나. 내가 어쩌다 글이라고는 제대로 배워 보지도 못한 너희 같은 녀석들을 가르치겠다고 마음

먹었는지, 쯧쯧쯧쯧."

훈장님은 아이들의 글씨를 보고는 미간을 찌푸리고 혀를 끌끌 찼어요.

"될성부른 나무는 떡잎부터 알아본다는 말이 있다. 공부에 재주가 없으면 괜시리 책상머리에 앉아 '흰 것은 종이요, 검은 것은 글자라.' 하며 고개만 주억거리지 말고, 그 시간에 나무를 베든 농사일을 돕든 집안일을 거드는 게 낫다."

그 말을 하는 내내 훈장님은 못마땅한 눈초리로 산석을 뚫어지게 바라보았습니다.

"산석이 너는 내일부터 공부하러 올 필요 없다. 너 때문에 아까운 시간만 흘려보내고 있는 것이 안 보이느냐? 어차피 네 머리로는 안 되니 포기하여라."라고 말하는 듯했지요.

괴발개발 고양이의 발과 개의 발. 글씨를 되는대로 아무렇게나 써 놓은 모양.

산석은 집으로 돌아오는 길에 주먹을 쥐고 자신의 머리를 쿵쿵 쳤습니다.

'이 머리는 정말 돌머리인가? 어째서 어제 배운 것을 감쪽같이 까먹느냔 말이다.'

산석은 소금을 팍팍 뿌려 절인 배추마냥 풀이 팍 죽었습니다.

한양서 유배 온 선비

'못하는데 재미있고, 못하는데 더 하고 싶다.'

산석은 기분이 뒤숭숭했어요. 잘하면 좋겠는데, 남들처럼 배운 것이 머릿속에 쏙쏙 들어오면 좋겠는데, 그러기는커녕 한 귀로 들어온 것이 한 귀로 곧장 새어 나가니 미치고 팔짝 뛸 노릇이었어요.

"너는 귓구멍으로 들은 것이 콧구멍으로 빠져나가지?"

"아니다, 아까 고구마를 먹고 방귀를 뀌더니, 방귀랑 같이 피식하고 빠져나간 게지. 으하하하."

고개를 푹 숙이고 서당을 나오는데 몇몇 녀석들이 산석을 졸졸 쫓아오며 놀려 댔어요. 욱하고 화가 나서 주먹을 불끈 쥐었지만

이내 스르르 풀고는 고갯길을 달려 집으로 향했습니다. 친구들 말 마따나 귀로 들어온 글이 어딘가로 스르륵 빠져나가는 것만 같았지요.

산석은 어깨가 축 처져서는 터덜터덜 걸었습니다.

'하나를 배우면 열을 깨치는 건 바라지도 않는다. 하나를 배우면 그 하나라도 잘 깨쳤으면 좋겠는데, 내 머리는 진짜 바윗덩어리인가 보다. 이름이 문제일까? 그래, 이름에 저주가 걸려 있는 게 분명해. 그렇지 않고서야 어찌 이렇게 머리가 단단할 수 있을까?'

산석은 괜시리 발부리에 채이는 돌멩이를 걷어차며 고개 넘어 느티나무가 있는 곳으로 걸어갔어요. 그런데 마을 어른들이 나무 아래에 모여 수군거리고 있었습니다.

"들었나?"

"머시기를 들어?"

"그 머시냐, 거시기 말이여."

"거시기가 머시기여?"

"아 참 나, 거시기 한양에서 어떤 양반이 우리 마을로 귀양 온

귀양 조선 시대에 죄인을 외딴 곳에 보내어 일정한 기간 살게 한 형벌.

다잖어. 천주학쟁이˚라던데."

"천주학쟁이가 머시랑가?"

"아, 그 있잖여, 천주학인가 머신가 그거 따르는 사람들이 나라를 어지럽힌다고 줄줄이 귀양을 보내고 있잖여."

"근데, 여그로 귀양 오는 선비가 어마어마하게 똑똑한 양반이라며? 학식˚이 높기로는 따를 자가 없다던데. 나라에 한 번 나올까 말까한 천재라잖아."

"아이고, 똑똑하면 뭐혀? 한양서 쫓겨나 이 시꺼먼 변두리로 와서 '나 죽었네' 하고 바짝 엎드려 살아야 할 처지인걸. 산송장˚이나 다름없지."

"그나저나, 왜 하필 우리 마을인고?"

"어디 머물 곳은 정해졌나? 아이고, 우리 집에 머물자 할까 무섭네. 얼른 가서 대문을 꽁꽁 걸어 놔야겠구먼."

산석은 마을 어른들이 쑥덕쑥덕 주고받는 말을 곁에서 엿들었습니다.

천주학쟁이 '가톨릭교도'를 속되게 이르는 말.
학식(學識) 학문과 식견을 통틀어 이르는 말.
산송장 살아 있으나 활동력이 전혀 없고 감각이 무뎌져 죽은 것과 다름 없는 사람.

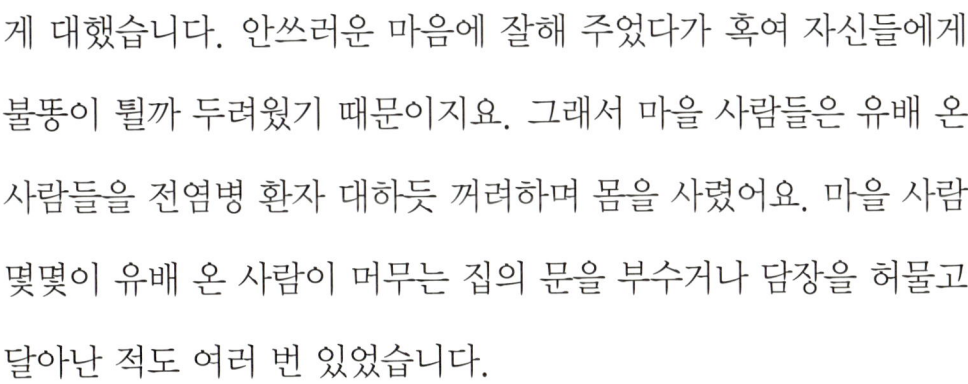

　사학죄인°이 벌 받아 귀양 왔다는 말은 삽시간에 강진 마을에 쫙 퍼졌습니다. 마을 어른들은 그 죄인이 자기 집에 머물자 할까 봐 겁이 나서 대문을 꽁꽁 닫아걸었어요. 본디 순하고 인정 깊은 사람들이었지만 한양에서 유배°온 사람에게는 유독 싸늘하게 대했습니다. 안쓰러운 마음에 잘해 주었다가 혹여 자신들에게 불똥이 튈까 두려웠기 때문이지요. 그래서 마을 사람들은 유배 온 사람들을 전염병 환자 대하듯 꺼려하며 몸을 사렸어요. 마을 사람 몇몇이 유배 온 사람이 머무는 집의 문을 부수거나 담장을 허물고 달아난 적도 여러 번 있었습니다.

　그래서인지 산석은 보지도 못한 그 선비가 내내 마음에 걸렸어요. 한양에서 쫓겨나 이 낯선 마을에 유배 온 것만으로도 절망적일 텐데, 어느 누구 하나 반기는 이 없으니 얼마나 외롭고 쓸쓸할까요……. 산석은 선비를 생각하며 힘없이 발길을 돌렸습니다.

사학죄인(邪學罪人) 사학을 좇는 죄인이라는 뜻으로, '천주교인'을 이르는 말.
유배(流配) 죄인을 귀양 보내던 일.

주막집 **봉놋방**

한양에서 유배 온 선비는 결국 어디에서도 머물 곳을 찾지 못했어요. 쉽지 않을 거라 짐작은 했으나 생각보다 더 힘들었지요.

다행히 선비를 맞아 준 집이 딱 한 군데 있었습니다. 동문˚ 밖 샘터 옆에 있는 여관, 동문 어귀 주막집이었어요.

"이보시오, 한양에서 온 양반. 갈 곳이 정 없으면 우리 집 봉놋방˚에라도 머무시겠수? 그래도 한양에서 나랏밥 먹고 살던 분인데 비바람 맞고 잔데서야 말이 되겠소."

동문 동네 입구에 세운 문.
봉놋방 여러 나그네가 한데 모여 자는, 주막집의 가장 큰 방.

주막집 할머니는 말을 툭 던지며 선비에게 방 한 칸을 내주었습니다. 말은 무심히 내뱉었지만 낯선 땅에 와서 마음고생하는 선비를 가엾게 여기는 마음이 컸던 탓이지요.

선비는 다리 뻗고 잘 방은 겨우 구했지만 여전히 자신을 벌레 보듯 피하는 마을 사람들하고는 말 한마디 섞지 못했습니다. 밤낮 혼자 지내며, 낯선 강진 땅에서 힘겨운 삶을 꾸려 갔지요.

시간이 흘러 귀양 온 선비에 대한 수군거림도 어느덧 잠잠해졌어요. 선비는 하루하루를 조용히 지냈고, 곱지 않은 눈으로 선비를 경계하던 마을 사람들도 선비가 해 될 것 없는 점잖은 사람인 것을 알게 되자 순하고 인정 많은 모습으로 다시 돌아왔습니다.

그러나 귀양 온 지 1년 만에 선비는 다시 사람들의 입에 오르내리기 시작했어요. 마을에 서당을 열었기 때문이지요.

"주막집 봉놋방 그 선비 있잖나?"

"그 선비가 왜? 뭔 일 생겼나?"

"서당을 열어 아이들한테 공부를 가르쳐 준다는데?"

"공부?"

자식들에게 공부를 가르쳐 준다는데 솔깃하지 않을 부모가 있을까요. 게다가 들리는 소문에 따르면 선비는 나라에 하나 나올까 말까 한 천재라고 했거든요. 이런 시골 마을에서 큰 선비에게 글을 배울 기회란 흔치 않았습니다. 그래서 마을 어른들은 너도 나도 아이들을 서당에 보내고 싶어 했어요.

그런데 서당을 연다는 얘기를 듣고 누구보다 기뻐한 사람은 산석이었어요. 글 한번 배워 보겠다고 기웃거렸던 이웃 마을 서당에서 된통 창피를 당한 뒤 도통 기회가 없었으니까요.

산석은 이번에야말로 글공부를 제대로 배워 보고 싶었어요. 그러나 더디고 꽉 막힌 자기를 선생이 또 내치면 어쩌나, 가슴팍을 퍽퍽 치며 '내 가르치다 가르치다 너처럼 미련한 녀석은 처음이다.' 하고 버럭 화를 내면 어쩌나 싶어 당장 서당으로 뛰어갈 수가 없었습니다.

산석은 몇 날 며칠 주막 앞을 서성이며 글공부를 하러 모여드는 아이들을 물끄러미 쳐다만 보았습니다.

저도 공부할 수 있나요?

산석은 팔베개를 하고 툇마루에 누워 하늘을 쳐다보았어요. 몽실몽실 흘러가는 구름을 보며 생각에 잠겼습니다.

'그래, 가 보자.'

며칠 동안 주막집 봉놋방 근처를 기웃기웃하기만 하던 산석은 무언가 결심을 한 듯 벌떡 일어나 혼잣말로 중얼거렸어요.

'배움이 깊고 인품이 훌륭한 분이라고 했으니 면박을 주시기야 하겠어? 죽이 되든 밥이 되든 직접 부딪쳐 보자.'

그러나 힘 있게 내딛던 발걸음은 슬금슬금 느려지기 시작했어

면박(面駁) 면전에서 꾸짖거나 나무람.

요. 이내 신발 뒤축을 질질 끌기 시작하더니 결국, 서당 마당에 이르러서는 제자리에서 머뭇머뭇 망설이고만 있었어요. 산석은 잔뜩 긴장한 나머지 망부석˚이 된 듯 우뚝 멈춰 버렸습니다.

용기 내어 마당 안으로 발을 들여놓기는 했지만 막상 선비가 머무는 방 앞 마당, 치자나무 아래에 서니 돌부처처럼 굳어 버리고 말았습니다.

'공부를 하게 해 주십시오.'

'너는 미련스럽기로 소문난 아이가 아니냐? 내 익히 소문을 들어 알고 있다. 예끼 이 녀석, 네까짓 게 무슨 공부를 한단 말이냐? 어여 가서 농사일이나 도와라.'

며칠을 고심하여 준비한 말을 꺼내기도 전에 선비가 방문을 열어젖히고 나와 핀잔을 줄 것만 같았어요. 그렇게 망설이며 오도가도 못하고 있던 그때, 방문이 열리며 선비가 나왔어요.

"오늘도 왔구나."

선비가 갑자기 말을 거는 바람에 산석의 심장이 쿵하고 내려앉

망부석 정조를 굳게 지키던 아내가 멀리 떠난 남편을 기다리다 그대로 죽어 화석이 되었다는 전설의 돌.

았습니다.

"며칠 전부터 이 앞을 서성이던 아이로구나."

'어떻게 아시지?'

산석은 깜짝 놀라 눈이 휘둥그레졌어요.

선비는 지그시 산석을 바라보았습니다.

"내게 할 말이 있나 보구나."

"……저…….."

산석은 입술을 달싹거렸지만 소리가 좀처럼 밖으로 나오지 않았어요. 입술이 바싹 마르고, 머릿속이 하얘졌습니다. 툇마루에 누워 연습하고 연습했던 말은 하나도 생각나지 않았어요.

"편히 말해 보아라."

"저…… 저…… 저 같은 아이도…… 공부할 수 있나요?"

선비는 입가에 미소를 띤 채 다정한 눈으로 산석을 바라보았습니다.

"너 같은 아이는 어떤 아이이냐?"

선비의 물음에 산석은 당황했어요.

"제, 제 이름은 산석입니다. 뫼 산(山), 바위 석(石) 자를 씁니다."

"산석이라. 바위처럼 우직하라고 지어 주신 이름이구나."

"예. 그런데 제게는 공부하는 데 문제가 있습니다."

"공부하는 데 문제가 있다? 어떤 문제냐?"

"첫째는 머리가 둔한 것이고 둘째는 막힌 것이며 셋째는 미련한 것입니다."

산석은 가슴이 터질 듯 두근거렸지만 겨우 참으면서 말을 이었습니다.

'바보같이 지금 무슨 말을 한 거지? 공부를 가르쳐 주십사 청하러 와 놓고, 웬 딴소리를 늘어놓는 게냐?'

생각과 전혀 다르게 쏟아져 나오는 말에 산석은 자기 입술을 마구 꼬집고 싶었어요.

"네가 몇 날 며칠 서성이며 하려던 말이 그것이로구나. 늘 기웃거리기만 하더니 오늘은 용기를 내어 들어왔구나. 언제쯤 들어오려나, 언제쯤 와서 입을 열려나 나도 기다려졌단다. 그래, 공부를 하고 싶은데, 둔하고 막혀서 답답하다 이 말이냐?"

선비는 가만히 산석을 쳐다보았어요.

"배우는 사람에게는 큰 문제가 세 가지 있다. 첫째 외우는 데 재

빠른 것, 둘째 글짓기에 날랜 것, 셋째 깨달음이 민첩한 것이다."

산석은 그제야 선비의 얼굴을 쳐다보았어요.

"'그게 왜 문제가 된다는 겁니까?' 하고 묻고 싶은 얼굴이구나. 한 번만 읽어도 바로 외우는 사람은 자기 머리가 좋은 걸 믿고 대충대충 소홀히 넘어가기 마련이다. 글을 일필휘지, 머뭇거림 없이 잘 짓는 사람은 자기 재주가 좋은 것에 마음이 들뜨기 쉽고, 남들보다 튀려고 하겠지. 배우고 바로 깨닫는 사람은 대번에 깨달아 공부를 대충하니, 그 깨달음이 오래가지 못한다.

그런데, 너는 이 세 가지 큰 문제가 없다는 말이구나. 재빠르지도, 날래지도, 민첩하지도 않으니 너 같은 아이가 공부를 해야 진득하게 하지 않겠느냐?"

산석은 멀뚱한 얼굴로 선비를 바라보았습니다.

"공부는 머리로 하는 것이 아니다. 마음으로 하는 것이다. 마음을 붙들고 붙들고 또 붙들어라."

선비는 산석에게 당장 내일부터 공부를 하러 오라고 말했습니다.

"공부는 너 같은 아이라야 할 수 있다. 너도 할 수 있다가 아니

일필휘지(一筆揮之) 글씨를 단숨에 죽 내리 씀.

라 너라야 할 수 있다. 내 말을 알겠느냐? 마음을 다잡고 다잡고 또 다잡아라."

산석은 꾸벅 허리를 굽혀 인사를 하고는 돌아섰어요.

어느새 하늘은 어둑어둑해지고 있었어요. 치자 향이 은은하게 퍼진 저녁 공기는 인동초꽃 뒤꽁무니의 단물을 빨아먹을 때처럼 다디달았어요.

"너 같은 아이라야……."

산석은 마음이 벅차올라 집에 와서도 좀체 잠을 잘 수가 없었어요. 소가 여물을 우물우물 되새김질하듯 스승님의 말을 곰곰이 되새겨 보았습니다. 단물 가득한 곶감을 입안에 물고 있는 것마냥 한 말씀 한 말씀 새기고 새기며 맛을 보았어요.

"작은 물방울이 바위를 뚫으려면 어찌해야 하겠느냐. 시간을 견디고 세월을 이겨 내며 한 방울 한 방울 쉬지 않고 떨어져야 하지 않겠느냐.

공부도 그러하다. 진득하니 끈기가 있어야 한다. 그러다 보면 점점 깨달음의 구멍이 넓어진다. 작은 물방울이 절대 깨지지 않을 것 같은 바위에 구멍을 내듯, 끈기가 단단한 네 머리에 깨달음의 구멍을 내줄 것이다. 노력하고 노력하고 또 노력하면 그 구멍이 점점 넓어져 깨달음도 더더욱 넓어지고 깊어진다. 해 보면 안다. 해 봐야 안다. 부지런하고, 부지런하고 더 부지런해라."

홀린 듯 멍하니 스승님의 말씀을 듣고 있을 때 치자꽃 향기가 코끝을 스쳤어요. 산석이 가장 좋아하는 꽃향기였지요. 바람에 실려 온 치자꽃 향기가 스승님의 말씀과 함께 마음속에 깊이 새겨졌습니다.

아비의 술

서당에 다니기 시작한 산석은 하루하루가 신이 났어요. 여전히 다른 아이들보다 느렸지만, 책을 읽고 글을 배우는 일이, 서당으로 가는 길이, 주막집 봉놋방으로 들어가 아이들과 스승님을 마주하는 일이 몹시도 신이 났지요.

서당에서 돌아오면 '너 같은 아이라야 할 수 있다.'는 스승님의 말씀을 되새기며 부지런히 그날 배운 글을 다시 읽고 종이에 가지런히 써 보았어요.

"둔함을 무릅쓰고 갈고 닦는 사람은 마침내 반짝반짝 빛나게 된다. 어떻게 갈고 닦아야 하겠느냐? 쉼 없이 부지런해야 한다. 어떻게 부지런해야 하겠느냐? 무엇보다 마음을 확고하게 다잡아야 한다."

산석은 스승님이 얼마나 부지런히 글공부에 파고드는지 곁에서 보아 잘 알고 있었습니다. 천재라고 소문난 대로 한 번 읽으면 단박에 깨닫고, 한 번 배운 것은 두 번 다시 보지 않아도 술술 외울 것 같았지만, 산석이 곁에서 본 스승님은 누구보다 부지런히 공부하는 사람이었습니다. 긴 세월 앉아서 글을 쓰느라 바닥에 닿은 복사뼈에 세 번이나 구멍이 날 정도였어요. 부지런하라는 가르침을 몸소 알려 주시는 분이었습니다.

산석은 묵묵히 하는 것이라면 남들보다 잘 할 자신이 있었어요.

산석은 스승님의 가르침대로 글을 베껴 썼어요. 좋은 글을 베껴 쓰는 것, 이것이 스승님이 가르쳐 주신 공부법의 하나였거든요.

"쓸데없이 무얼 그리 베끼냐. 시간이 남아도냐, 종이가 남아도냐! 너는 지루하지도 않냐?"

산석이 종일 책상 앞에 앉아 무언가를 베껴 쓰는 모습을 보고 친구들이 비아냥거렸지만 산석은 한 자 한 자 큰 스승들의 글을 따라 적으며 깊은 뜻을 깨우치기를 바라고 또 바랐어요.

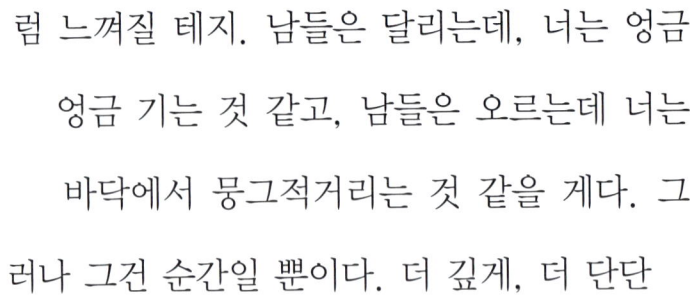

"아무 도움도 안 되고 쭉정이 까부르듯 시간만 흘려보내는 것처럼 느껴질 테지. 남들은 달리는데, 너는 엉금엉금 기는 것 같고, 남들은 오르는데 너는 바닥에서 뭉그적거리는 것 같을 게다. 그러나 그건 순간일 뿐이다. 더 깊게, 더 단단

히 뿌리를 내려야 더 길게, 더 넓게 쭉쭉 뻗어 나갈 수 있다. 나무를 보아라. 나무들이 가르쳐 주지 않느냐?"

산석은 스승님의 말씀을 떠올리며 우직하게 책상 앞에 앉아 글을 썼어요.

"아이고, 우리 아들, 우리 산석이, 우리 집 기둥."

爲 할 위　聲 소리 성　如 같을 여　平 평평할 평　字 글자 자　慧 슬기로울 혜
象 코끼리 상　淸 서늘할 청　智 슬기 지　護 보호할 호　故 옛 고　法 법 법

잔뜩 술에 취한 아버지가 술병을 들고 와 쓰러지듯 툇마루에 털썩 앉았어요.

아전*으로 일하는 산석의 아버지는 일이 끝나면 꼭 술을 마셨습니다. 술을 끼고 산 지 오래되어 이제 술 없이는 하루도

아전(衙前) 조선 시대에, 각 관아의 벼슬아치 밑에서 일을 보던 사람.

그냥 지나칠 수 없을 지경이 되었어요.

"아들아, 술이 왜 술인 줄 아느냐? 술술 넘어가니 술이다. 이놈이 없었으면 내가 이 세상을 무슨 재미로 살았겠느냐?"

아버지는 술을 한 사발 벌컥벌컥 들이켜고는 책상 위에 펼쳐진 책을 보며 말했어요.

"네 놈은 책을 들여다보는 게 그리도 재밌느냐? 그놈의 책을 아무리 들여다본들 벼슬자리나 얻을 수 있는 처지더냐? 아서라, 아서라. 다 부질없다."

산석은 아버지가 곤드레만드레 취한 것도 싫었지만 책을 읽고 있는 자신에게 '아서라, 다 부질없다'며 손사래 치는 건 더욱 싫었어요.

"벼슬자리에 오르면 또 뭐하겠느냐? 네 스승을 봐라. 똑똑한 사람이 이 시

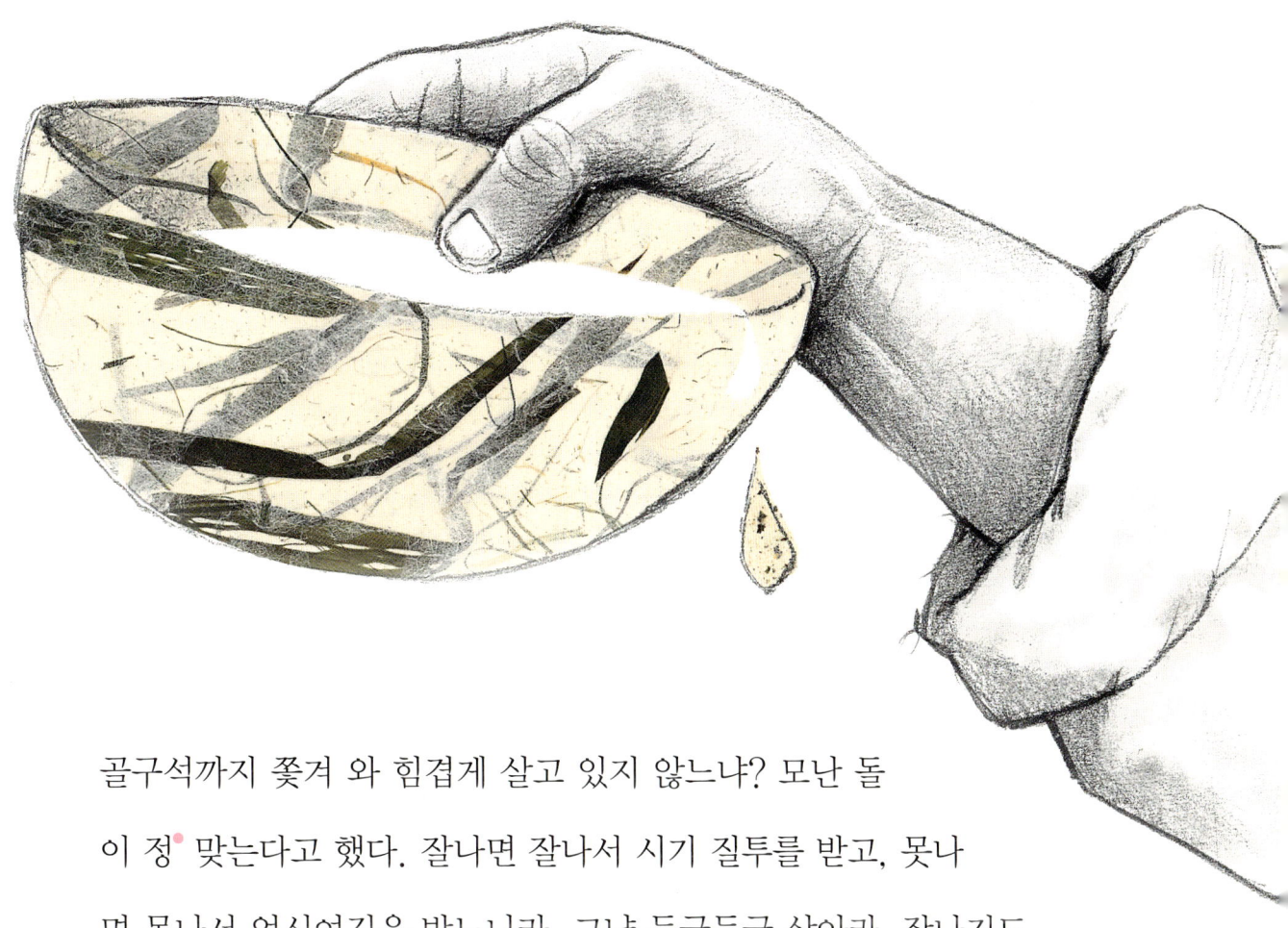

골구석까지 쫓겨 와 힘겹게 살고 있지 않느냐? 모난 돌이 정* 맞는다고 했다. 잘나면 잘나서 시기 질투를 받고, 못나면 못나서 업신여김을 받느니라. 그냥 둥글둥글 살아라. 잘나지도 못나지도 않게. 알면 알수록 답답할 뿐이야."

산석은 아버지가 스승님의 흉을 보는 것도 정말이지 마음에 들지 않았어요.

아버지는 사발에 막걸리를 넘칠 만큼 따라 한숨에 들이켰습니다.

"크하, 좋구나. 좋다."

산석은 그런 아버지를 물끄러미 바라보았지요.

아버지는 점점 더 자주 술을 마셨습니다. 산석은 마음이 콕콕

* 정 돌에 구멍을 뚫거나 돌을 쪼아서 다듬는, 쇠로 만든 연장.

쑤시며 욱신거렸어요. 화가 나는 건지, 안타까운 건지, 슬픈 건지, 잘 알 수는 없었지만, 아버지를 보고 있으면 그냥 마음 한편이 답답해져 왔습니다.

산석 옆에서 주저리주저리 술주정을 늘어놓던 아버지는 툇마루에 벌러덩 누워 잠이 들었어요. 곯아떨어진 아버지를 낑낑거리며 방으로 옮기려고 했으나 축 늘어진 아버지의 몸은 바윗덩어리보다 무거웠어요. 산석은 방에서 이불을 꺼내 와 아버지께 덮어 드렸습니다.

'나는 양반도 아니고, 집안은 가난하고, 머리도 남보다 좋지 않다. 그래서 공부라도 부지런히 해 보려는 건데……'

산석은 아버지의 얼굴을 바라보았어요. 세상 모르고 잠든 아버지가 참 야속하고 미웠습니다.

마음을 헤아리다

 산석의 아버지가 늘 술에 취해 다닌다는 것은 스승님도 잘 알고 있었어요.

 서당에 오는 걸음걸이가 가볍고, 책을 펼쳐 든 모습이 밝기만 하던 산석의 얼굴에 그늘이 드리워진 것을 보면 알 수 있었어요. 아버지 걱정으로 마음이 답답한 탓에 얼굴이 어두워졌으니까요. 그런데 오늘은 평소보다 그늘이 더 짙게 드리워졌습니다.

 "산석아."

 스승님이 조용히 산석의 이름을 불렀어요.

 "예."

"내가 며칠 전에 네 아버지를 한번 뵈었다."

산석은 눈이 똥그래져서는 스승님을 쳐다보았어요.

스승님은 마당의 나무를 바라보며 말을 이었어요.

"아버지가 술을 많이 드셔서 네가 걱정이 많은 걸 안다."

산석은 아버지가 소문난 술꾼이라는 걸 스승님이 알게 된 게 창피했습니다.

"아버지는 마음이 선한 분이시더구나. 눈빛을 보면 알지."

"……."

"네가 책에 참으로 열심히 파고든다 말씀드리니, 기뻐하시더구나."

'아닙니다. 아버지는 제가 공부하는 걸 좋아하지 않으십니다. 기뻐하시다니요?'

산석은 아버지가 술에 취해 쏟아 놓은 말을 스승님께 모두 털어놓고 싶었어요.

"하지만, 네 앞에서는 대견하고 기쁜 마음을 내비치지 못했다며 미안해하시더구나. 칭찬 한 번 제대로 해 주지 못하는 아비라고 마음 아파하셨다. 열심히 공부해 봐야 벼슬길에 오를 수도 없

는 처지이니 걱정스럽기도 하고 측은하기도 하여서 오히려 더 크게 화를 냈다고 미안해하셨단다."

"벼슬에 오르지 못해도 상관없습니다. 공부는 출세와 관계없이 제가 즐거워서 하는 일인걸요."

"그래, 네 말이 맞다. 반드시 벼슬을 하기 위해 책을 읽고 공부를 하는 건 아니지. 마음을 닦고, 세상을 사는 지혜를 얻기 위해 하는 것이다. 그러니 어떤 상황에서도 그 마음을 잃지 말고 공부를 놓지 마라. 그리고 아버지의 마음을 잘 헤아려 드려야 한다. 사람의 마음을 헤아리는 것, 그것이 진정 중요한 공부이니라."

산석은 스승님의 말씀을 새기면서 지난밤 아버지에게 원망하는 마음을 품었던 것이 조금 부끄러워졌습니다.

학질에 걸려서도 책을 놓지 않다

산석은 다시 마음을 다잡고 공부에 힘썼어요. 그러던 어느 날, 산석은 열이 펄펄 끓고 목이 쩍쩍 갈라지는 고약한 병에 걸리고 말았습니다. 그러나 아무리 몸이 아파도 책만큼은 손에서 놓지 않았지요. 더운 초여름에도 한기가 들어서 이가 딱딱 부딪치고, 솜이불을 두르고 있어도 오한이 가시질 않았어요. 그런데도 산석은 붓을 들고 계속해서 글을 썼어요. 스승님은 산석이 고열에 시달리면서도 공부를 손에서 놓지 않는다는 말을 전해 듣고는 편지를 보내왔습니다.

오한(惡寒) 몸이 오슬오슬 춥고 떨리는 증상.

이렇게 더운 날 솜이불까지 두르고 공부에 열중하고 있다는 얘기를 전해 들었다.

나도 학질을 앓은 적이 있어서 잘 안다. 손톱은 검게 변하고 입술은 파랗게 질리고 뼈까지 파고드는 고통에 나 같은 어른도 신음 소리를 내지 않고는 견딜 수 없었다. 제 아무리 장사라도 그런 고통을 이겨 내기는 쉽지 않은데, 정말이지 대견하구나.

네가 쓴 글을 보았다.

고통이 엄청나게 컸을 텐데도 글씨가 반듯한 것을 보니 공부에 대한 네 마음가짐을 읽을 수 있겠더구나. 네 인내심이 정말 장하다. 이런 마음을 잃지 말아라. 너의 강인한 심성에 학질도 도망가고 말 것이다.

스승님의 편지를 받고 큰 감동을 받은 산석은 그날 이후 더욱 굳세게 공부에 몰두하였습니다.

학질(瘧疾) 말라리아. 말라리아 병원충을 가진 모기에게 물려서 감염되는 전염병.

欲 하고자 할 욕 文 글월 문 用 쓸 용 濁 흐릴 탁 畫 그을 획, 그림 화

그리운 아버지

책 한 권을 떼니 봄이 가고, 책 한 권을 베끼니 여름이 가기를 서너 해. 산석은 길게 땋아 내렸던 머리를 올려 상투를 틀었어요. 혼인을 하여 지아비가 된 것이지요. 가정을 꾸리고, 가장이 된 뒤로는, 먹고사는 농사일을 더욱 부지런히 해야 했습니다. 그만큼 책 읽을 시간도 줄었지요. 하지만 산석은 밭을 가는 짬짬이 소리 내어 책의 구절들을 외웠고, 밭일을 쉬는 틈이면 밭두둑에 올려 둔 책을 펼쳐 읽었습니다.

상투 예전에 장가든 남자가 머리털을 끌어 올려 정수리 위에 틀어 감아 맨 것.
지아비 남편을 예스럽게 이르는 말.

"산석아, 산석아!"

일을 하면서 입으로는 소리 내어 문장을 암송하고 있을 때, 다급하게 자신을 부르는 소리가 들려왔어요.

"산석아, 언능 나와 봐라. 느그 아부지가, 느그 아부지가……."

이웃집 아주머니의 목소리에는 불길한 기운이 묻어났습니다.

"어여 나와 봐라. 빨리 집에 가 봐. 이게 갑자기 웬 난리냐. 이게 뭔 일이여."

아주머니는 치맛자락으로 눈물을 훔치며 산석을 불렀어요.

아버지……! 산석은 마음속으로 아버지를 부르면서 쟁기도 호미도 내팽개치고 집으로 달려가기 시작했습니다. 산석의 머릿속에는 오로지 아버지밖에 없었지요.

아버지는 얼마 전부터 부쩍 얼굴이 검어지고, 기력이 쇠해지셨습니다. 밤에 주무실 때 끙끙 앓는 소리가 나서 들어가 보면 이불이 땀으로 흠뻑 젖어 있었어요. 그래서 황급히 의원을 모시러 새벽길을 내달린 일이 한두 번이 아니었지요. 술을 끊어야 한다고, 이러다가 큰일 난다고, 이웃 어른들까지 아버지를 찾아와 진지하게 이야기했지만 소용없었습니다.

 그래도 아버지는 늘 술을 가까이 했어요. 결국 얼마 전부터 불길한 예감이 가시질 않았습니다. 내내 검은 그림자가 따라다니는 것만 같았지요.
 산석의 머릿속이 하얘졌습니다.
 '아버지, 아버지.'
 숨이 턱에 닿도록 달려 집 앞에 도착하니 마당에는 이미 마을

어른 몇 분이 와 계셨어요.
"아이고, 이 사람아. 아이고, 이 아까운 사람아."
"아이고, 산석이 아부지. 산석이 아부지."
뜨거운 울음이 가득했어요. 산석은 그 자리에서 얼어붙어 버렸어요. 마을 아주머니의 손에 이끌려 안방으로 들어가니 아버지는 주무시는 듯 고요히 누워 계셨습니다.

"산석아……."

아주머니는 울음을 터뜨리며 산석을 부르더니 옷고름으로 눈물을 훔쳤습니다.

산석은 무릎을 꿇고 앉아 아버지의 큰 손을 잡았습니다. 하지만 얼음장처럼 찬 기운에 잡았던 손을 놓아 버릴 뻔했지요. 크고 따뜻했던 아버지의 손, 잡고 있는 것만으로도 마음이 든든했던 손은 차디차게 식어 버렸습니다. 산석은 죽음이 그렇게 차갑고 낯선 것인 줄 그 순간 처음 느꼈습니다.

치자나무 아래에서

산석은 아버지의 빈자리를 슬퍼할 겨를이 없었어요. 한 집안의 가장으로서 생계를 책임져야 했으니까요. 새벽부터 괭이와 호미를 들고 땅을 갈아 농사를 지어야 식구들이 밥을 먹을 수 있었습니다. 그러니 책 읽을 짬은 전혀 나지 않았지요.

정신없이 일을 하다 보면 아버지에 대한 그리움을 어느 정도 떨쳐 낼 수 있었습니다. 그러다가도 잠시 나무 그늘 아래에서 숨을 고를 때면 저도 모르게 슬픔이 차오르고 그리움이 찰랑거렸지요.

또한 책이 그립고, 책 읽는 소리가 그립고, 한 자 한 자 베껴 쓰

생계 살림을 살아 나갈 방법.

던 글씨가 그립고, 묵향˚이 그립고 그리웠습니다.

'할 수 없을 때 비로소 사무치게 아쉬운 것이 공부라면, 볼 수 없을 때 비로소 사무치게 그리운 이가 아버지로구나.'

산석은 아버지를 그리며 치자나무 아래에 앉아 잠시 쉬고 있었어요. 그때 서당에 같이 다니던 친구가 산석에게 달려왔어요. 친구는 소매 품에서 주섬주섬 무언가를 꺼내더니 산석에게 건네주었습니다.

그건 다름 아닌 스승님의 편지였습니다.

마음에 슬픔이 깊은 줄 안다.
슬픔을 씻을 틈도 없이 먹고살 일이 닥쳐와 힘겨운 줄도 안다.
하지만 먹고살기 위해 책을 놓아서는 안 된다.
공부를 하는 목적은 벼슬을 하기 위해서도, 잘 먹고 잘 살기 위해서도 아니다.
누누이 말했듯이 공부는 마음을 넓히고 살아가는 힘을 얻기 위해 하는 것이다.

묵향(墨香) 향기로운 먹 냄새.

네 인생이 더욱더 크고 환하고 풍성해지기 위해 하는 것이다.

그러니 부디 어떤 상황에서도 공부를 놓지 말아라.

어려운 일이 있어도 슬픈 일이 있어도 마음을 붙잡고 또 붙잡길 바란다.

그리운 스승님의 글씨였어요. 차근차근 읽어 내려가니 스승님의 목소리가 귓가에 들리는 듯했습니다. 산석의 눈에서 이내 눈물이 뚝뚝 떨어졌습니다.

산석은 스승님의 편지를 손에 꼭 쥐고서 하얀 꽃을 피운 치자나무를 쳐다보았습니다. 그제야 달콤한 치자꽃 향기가 주변에 가득한 것을 깨달았지요. 산석은 가만히 치자꽃 향기를 맡으며 눈을 감았어요. 달콤한 치자꽃 향기에 마음 설레던 그날이 떠올랐습니다.

너 같은 아이라야 공부할 수 있다던 스승님의 말씀에 마음이 환하게 밝아지던 날.

파고들고 파고들고 파고들어야 한다는 말씀에 두 눈이 번쩍 뜨

家 집 가 貧 가난할 빈 因 인할 인 廢 버릴 폐 富 부유할 부 恃 믿을 시 怠 게으를 태 勤 부지런할 근 榮 영화로울 영
惟 생각할 유 顯 나타날 현 達 통달할 달 寶 보배 보 是 이, 옳을 시 宜 마땅할 의 勉 힘쓸 면

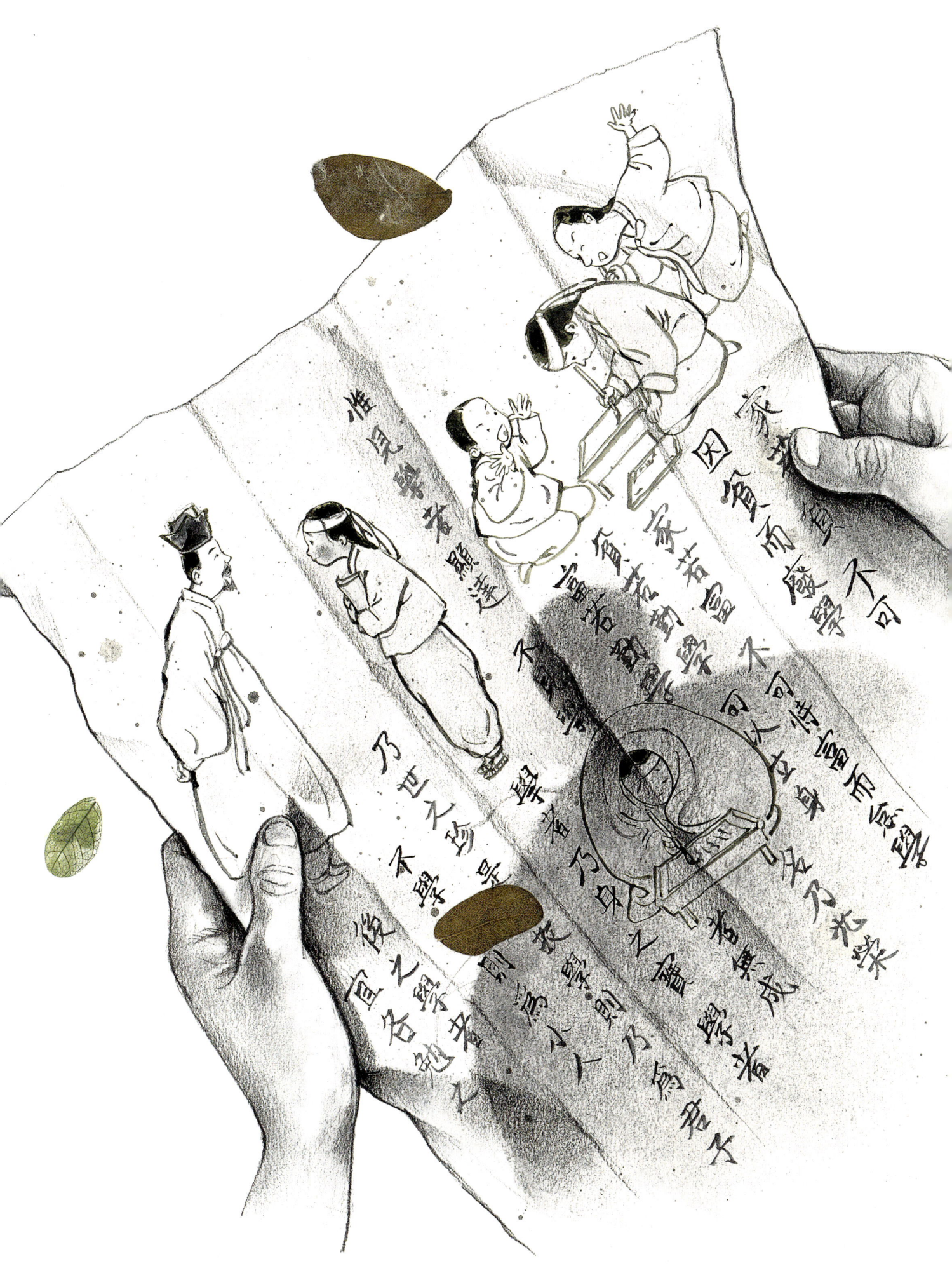

였던 날.

스승님의 말씀을 가슴 깊이 새기며 집으로 돌아오던 그날처럼 달콤한 치자꽃 향기가 온 사방에 가득 퍼졌습니다. 오랜만에 맡아 보는 달콤한 내음이었어요. 참으로 오랜만에 느껴 보는 평안함이었지요.

아버지라는 커다란 울타리가 사라진 뒤, 갑자기 사는 게 두려운 일이 되었습니다. 술만 드시던 아버지였지만, 웃는 낯을 거의 볼 수 없었던 아버지였지만, 언제나 산석의 곁을 든든히 지켜 주셨던 분이었어요. 그런 아버지의 빈자리는 그 무엇으로도 채워지지 않았습니다. 그래서 산석은 더욱 고되게 몸을 놀렸지요.

언젠가 치자나무 아래에 앉아서 책을 읽는데, 스승님이 물었습니다.

"치자나무를 좋아하느냐? 늘 이 나무 아래에 앉아 있더구나."

"네. 저는 치자나무를 제일 좋아합니다."

"그래. 그러면 네 호를 치원이라 하면 어떻겠느냐. 치자나무는 꽃 하나에 열매도 하나가 열리는 정직한 나무란다. 네 우직함이

호 본명 이외에 허물없이 쓰기 위해 지은 이름.

꼭 치자나무를 닮았구나."

치자나무 동산, 치원.

서리에도 변치 않고 눈 속에서도 푸른 나무. 열 송이 꽃에 열 개의 열매가 맺히는 정직한 나무.

산석은 스승님이 붙여 주신 이름이 마음에 꼭 들었습니다.

'풀어진 마음을 다시 다잡겠습니다. 책으로 힘을 얻고 책으로 버티며 살겠습니다.'

산석은 스승님의 편지를 꼭 쥐고 다시 한번 치자나무를 올려다보았습니다.

새하얀 치자꽃들이 환하게 빛났습니다.

평생 스승의 가르침에 따라 행복한 공부를 한
치원 황상

황상은 1788년 전라도 강진에서 가난한 시골 아전 황인담의 첫째 아들로 태어났어요. 어릴 적 이름은 산석이고 호는 치원이지요.

황상은 다산 정약용이 강진 유배 시절에 가르쳤던 제자들 가운데 한 명이에요. 정약용이 평생 아끼고 사랑한 제자로 알려졌지요. 두 사람은 1802년 10월 10일 정약용이 귀양 온 지 1년 만에 임시로 머물던 주막집 봉놋방에 서당을 열면서 처음 만났어요.

당시 15살이던 더벅머리 황상은 스승님에게 "머리가 둔하고, 앞뒤가 꽉 막혔으며, 분별력이 없는 저 같은 아이도 공부를 할 수 있나요?"라고 물었습니다. 정약용은 "공부는 너 같은 아이라야 할 수 있다."고 답하며 '삼근계(三勤戒)'를 주었지요. 삼근계란 '부지런하고 부지런하고 부지런하게 마음을 확고히 붙잡아 공부하라.'는 뜻이에요. 황상은 삼근계를 평생 마음에 새기고 스승님의 말씀에 한 치의 부끄러움이 없도록 끊임없이 책을 읽고 공부를 했습니다.

원래 황상의 집안은 과거를 볼 수도, 큰 벼슬에 오를 수도 없는 가난한 중인 신분이었어요. 아버지 황인담 역시 원래 공부에 뜻을 품었지만, 신분의 제약과 순

중인 조선 시대에, 양반과 평민의 중간에 있던 신분.

수하고 반듯한 성품에 맞지 않는 아전 노릇에 찌들어 공부를 포기하고 오랜 세월 술로 시름을 달랬습니다. 하지만 황상은 아버지와 달랐어요. 공부는 부와 명예를 위한 것이 아니라 자신을 행복하게 만드는 길이라고 여겼거든요.

황상은 아버지가 돌아가신 뒤 가족의 생계를 위해 바쁘게 농사일을 하는 가운데에서도 손에서 책을 놓지 않았어요. 정약용이 18년의 귀양살이를 마치고 한양으로 돌아간 뒤에도, 산속에 자그마한 '일속산방'을 지어 살면서 스승님의 가르침대로 오직 공부에 몰두했어요. 일속산방에서 십여 년을 머무르며 학문을 닦고 이따

일속산방(一粟山房) '좁쌀 한 톨만 한 작은 집'이라는 뜻.

사의재 현판

사의재(전라남도 강진군)
정약용이 머무르며 서당을 열었던 주막이에요.
사의재란 '네 가지를 마땅히 해야 할 방'이라는 뜻입니다.

금 찾아오는 글벗들을 만나 담소˚를 나누었지요. 함께 공부했던 벗들이 출세를 위해 스승 정약용에게 등을 돌렸을 때도 오직 황상만은 스승님이 입버릇처럼 이른 '유인˚의 삶'을 살았답니다.

비록 산속 깊은 곳에서 조용히 지냈지만 황상은 다른 문인들도 크게 감탄할 만큼 높은 학식으로 이름을 떨쳤어요. 추사 김정희˚는 황상의 시에 감탄하여 제주도 유배 생활을 마치고 서울로 오르던 길에 직접 황상의 집을 찾아갔다고 해요. 하지

담소 웃고 즐기면서 이야기함.
유인(幽人) 어지러운 세상을 피해 조용한 곳에서 숨어 사는 사람.
추사 김정희(1786~1856년) 조선 후기의 문인이자 추사체를 만들어 낸 명필가이며, 대학자.

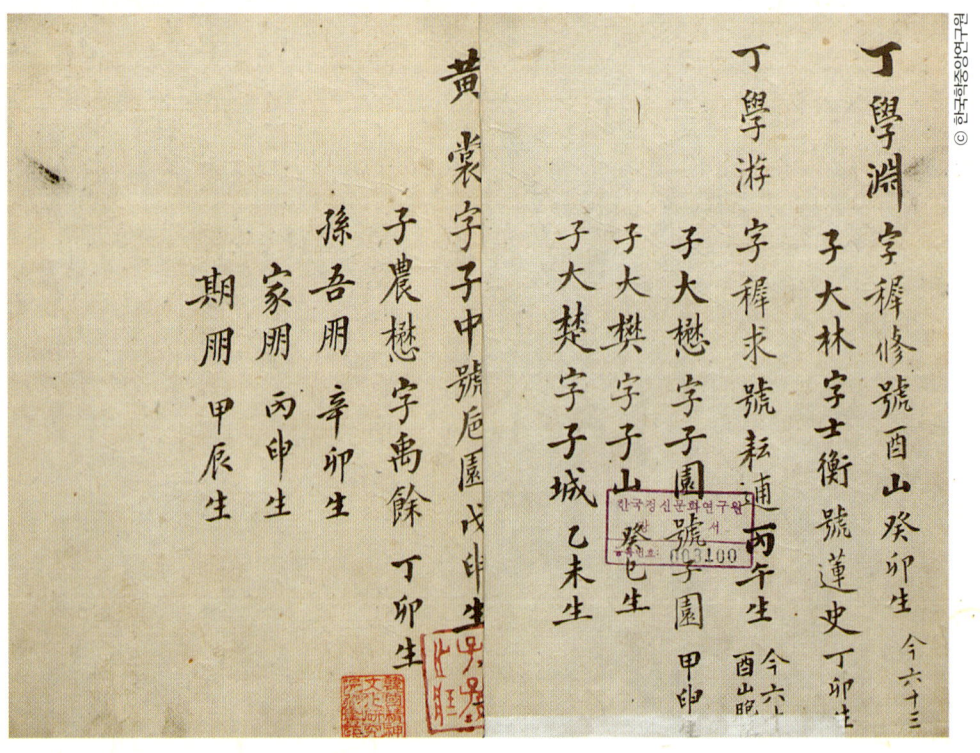

정황계의 첫머리
이 장에는 정황계를 맹세하는 황상과 그의 아들, 손자, 정학연과 그의 아들, 손자, 정학유와 그의 아들, 손자의 이름과 나이 등이 적혀 있어요.

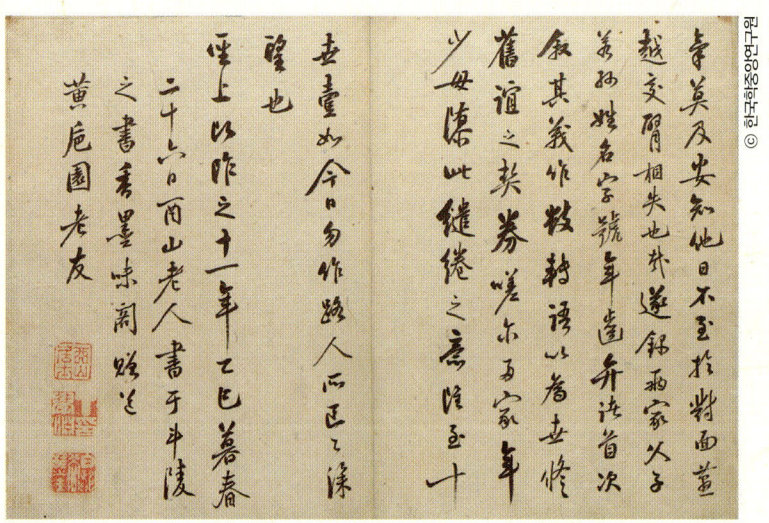

정황계의 마지막 장
양쪽 집안 사람들이 대대손손 오늘처럼 한결같이 지내길 당부하는 내용이 담겨 있어요.

만 황상을 만나지 못해 깊이 탄식했답니다. 우리나라 차 예법을 마련한 초의 선사도 황상과 편지를 주고받으며 우정을 쌓았습니다. 정약용의 아들들인 정학연과 정학유하고는 '정황계'를 만들어서 두 집안이 대대손손 우의를 다지자고 맹세하기도 했지요.

　일속산방에서 스승의 가르침대로 공부의 참된 즐거움을 누리던 황상은 1863년 세상을 떠났습니다. 그러나 황상이 남긴 문집 《치원유고》 2권과 스승 정약용을 만난 지 60년이 되던 해에 스승을 생각하면서 지은 〈임술기〉를 통해 세상 누구보다 행복한 공부를 했던 황상의 삶을 엿볼 수 있지요.

　머리가 뛰어나지도 않고, 벼슬을 할 수도 없으며, 살림살이 또한 어려웠지만 평생 스승을 섬기며 부지런하고 부지런하게 공부했던 황상. 그는 참된 공부가 무엇인지 깨닫고 공부의 재미를 맛본 행복한 사람이었습니다.

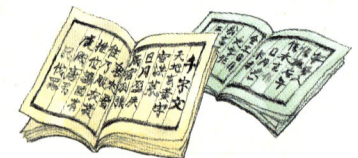

스승님과 주고받은 편지

스승 정약용과 제자 황상은 평생에 걸쳐 편지를 주고받으며 사제˚ 이상의 두터운 정을 나누었어요. 정약용은 칭찬을 아끼지 않으면서 잘못에는 매섭게 꾸짖는 훌륭한 스승이었다가도, 때로는 어진 어버이 같기도 했어요. 기쁨과 슬픔을 나누는 벗처럼 서로를 의지하였지요. 황상은 스승님과 주고받은 32장의 쪽지와 편지글을 모아 서간첩˚으로 만들어 오래도록 간직했답니다.

사제 스승과 제자를 아울러 이르는 말.
서간첩 편지를 엮어 만든 책.

편지글 하나.

편지와 시를 보니 시는 역시 무르익고 굳건하여 읽을 만하니 매우 기쁘다. 《이소》를 익숙하게 읽으면 점점 음미하는 맛이 생길 것이다. 도연명은 독서를 할 때 뜻을 너무 깊이 알려고 하지 않았다고 하였는데, 이 또한 하나의 독서하는 방법이다. 끝내 영격을 꽂은 채 갔으니 너의 건망증은 고치기 어렵겠구나. 회신할 때 부쳐라. 이만 줄인다.

황상의 공부가 나날이 무르익어 수준이 높아진 것을 보고, 정약용이 매우 흡족해하며 조언을 합니다. 그런데 공부에 몰두하느라 황상에게 건망증이 있었던가 봐요. 영격은 '비치는 격자'라는 뜻으로, 글씨를 쓸 때 종이 아래 깔아서 반듯하게 쓸 수 있도록 돕는 칸이 쳐진 종이예요. 스승님의 것을 빌려 쓴 황상이 그만 가져간 것이지요. 영격이 없어 불편해진 정약용이 황상에게 다음번에 꼭 가져오라고 당부한 편지랍니다.

편지글 둘.

너의 말투와 얼굴과 행동을 보건대, 점점 게을러져서 규방에서 장난이나 하고 놀고 있으니 문학 공부는 벌써 아득한 일이 되고 말았구나. 이런 식으로 한다면 끝내 어리석은 인간이 되고 말아서 허황되고 실속을 잃

이소(離騷) 초나라 굴원이 지은 책.
도연명(365~427년) 중국 동진의 시인.
규방 부부의 침실.

을 것이다. 너의 소견˚이 참으로 답답하다. 내가 너를 매우 사랑하여 마음속으로 슬피 탄식한 지 오래되었다. 참으로 마음을 고쳐먹고 뜻을 세워서, 내외가 따로 거처하고, 마음을 다하여 글공부하지 않으면 문학을 이루지 못할 뿐만 아니라 도리어 약해져서 오래 살지도 못할 것이다.

혼례를 올리고 신혼의 단꿈에 빠져든 황상을 훈계하며 쓴 정약용의 편지입니다. 어여쁜 아내를 얻어 공부를 소홀히 하는 황상을 보고 크게 꾸짖고 있지요. 정약용은 공부를 게을리 대충할 것 같으면 못나고 어리석은 인간이 되고 말 것이라고 혼을 냈어요. 그리고 신혼부부에게 각방을 쓰라고까지 권하지요. 황상은 이 편지를 받고 깜짝 놀라 스승님에게 고개를 숙이고 용서를 빌었답니다.

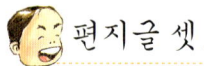 편지글 셋.

네가 아들을 낳았다니 기쁜 마음을 뭐라 표현할 수가 없구나. 내 자식이 아직 아들을 낳지 못하였으니, 네 아들이 내 손자와 어찌 다를 바가 있겠느냐? 새로이 부자(附子)를 복용하여 사내아이를 얻었으니 이름을 '천웅(天雄)'이라 하는 것이 좋겠다. 와서 내 축하를 받도록 하여라.

1807년에 황상의 첫 아들이 태어났어요. 황상은 이 기쁜 소식을 스승님께 가장 먼저 알렸습니다. 정약용은 마치 자신의 손자가 태어난 것처럼 아주 기뻐하며

소견 어떤 일이나 사물을 살펴보고 가지게 되는 생각이나 의견.

'천웅'이라는 이름을 지어 주었어요. 천웅은 독이 있는 '부자'라는 약재예요. 사약*을 만들 때 넣을 만큼 독하지만 알맞게 처방하면 몸의 찬 기운을 몰아내고 양기*를 높여 주지요. 정약용이 황상의 아들에게 약재 이름을 붙여 준 것은, 황상이 자신의 처방*에 따라 부자를 먹고 얻은 아이였기 때문이랍니다.

편지글 넷.

부모 잃은 슬픔에 대해서는 무슨 말을 할 수 있겠는가? 네 아버지가 큰 병을 앓은 뒤라서 염려가 끝이 없기에 더욱 걱정스럽다. 미음에다 육즙*을 잘 섞어서 위장 기운을 돕는 것이 좋겠다. 게다가 그늘진 곳에서는 반드시 큰 병이 생기게 마련이니라.

황상의 아버지가 돌아가셨다는 이야기를 들은 정약용은 급하게 편지를 썼어요. 황상의 슬픈 마음을 위로하면서도 건강을 염려하는 내용이었지요. 부모님이 돌아가셨을 때 보통 첫째 아들이 상주 역할을 맡아 장례를 진행해요. 전통 장례에서 상주는 사흘간 음식을 입에 대지 않고, 3년 동안 시묘살이*를 하며 부모님이 돌아가신 것을 슬퍼해야 했어요. 그래서 황상이 큰 병을 얻을까 걱정되어 죽에 고기 국물을 타 먹고 냉기*를 피하여 건강을 챙기라고 당부하는 따뜻한 마음이 담긴 편지랍니다.

사약(死藥) 왕족이나 사대부가 죽을죄를 범하였을 때, 임금이 독약을 내림. 또는 그 독약.
양기(陽氣) 몸 안에 있는 양의 기운. 또는 남자 몸 안의 정기.
처방 병을 치료하기 위하여 증상에 따라 약을 짓는 방법.
육즙 고기 국물.
시묘살이 부모의 상 중에 3년간 그 무덤 옆에서 움막을 짓고 삶.
냉기(冷氣) 찬 기운.

풀이 도움 : 한국고전번역원

참고한 책
《삶을 바꾼 만남》(정민 글, 문학동네, 2011)